AF298516

122

Td 40.

T 3420
D.h.

PRÉCIS HISTORIQUE.

IMPRIMERIE DE STAHL, QUAI DES AUGUSTINS, N° 9.

PRÉCIS HISTORIQUE

D'UN CAS REMARQUABLE

DE DEUX PRODUCTIONS MORBIDES

Expulsées de l'Utérus;

AVEC QUELQUES CONSIDÉRATIONS SUR CES PRODUCTIONS, ET SUR CELLES QUI PEUVENT SE DÉVELOPPER A LA FACE INTERNE DE CE VISCÈRE DANS L'ÉTAT DE VACUITÉ, LESQUELLES POURRAIENT ÊTRE CONFONDUES A RAISON DE LA RESSEMBLANCE QUI LES LIE LES UNES AVEC LES AUTRES.

PAR JEAN SALEMI,

DOCTEUR EN CHIRURGIE; PENSIONNÉ DE LA VILLE DE PALERME, AVEC L'APPROBATION DE S. M. SICILIENNE; MEMBRE DE L'ACADÉMIE SPÉCIALE D'ACCOUCHEMENT DE PARIS, DE L'ACADÉMIE ROYALE DE MÉDECINE DE PALERME, ET HONORAIRE DE LA COMMISSION PROVINCIALE DE VACCINATION DE LA MÊME VILLE, ETC.

Per i progressi dell'arte, e pel bene dell'umanità, è dovere d'un medico, rendere di publico dritto i casi rimarchevoli che incontra nella pratica·, e che tendono a schiarire la diagnosi d'altre malattie.

VACCA BERLINGHERI.

It is on that account that I am encouraged to do it; but what will be the re- ofit? I shall succeed? ·

POPE·

PARIS,

ROUEN, Frères, Libraires, rue de l'École de Médecine, n° 13.
J.-B. BAILLIÈRE, même rue, n° 13 *bis*.

—

1829.

A M. Hippolyte Cloquet,

Docteur en Médecine et Professeur agrégé de la Faculté de Médecine de Paris; Membre titulaire de l'Académie Royale de Médecine; ancien Prosecteur et Aide de Clinique interne à la Faculté de Médecine, et Professeur de Physiologie de l'Athénée royal de Paris; Médecin du Bureau de Charité du douzième arrondissement; ancien Chirurgien interne des Hospices et Hôpitaux civils de la même ville; Membre des Sociétés philomatique, d'Histoire naturelle de Paris; d'Émulation médicale d'Amiens; de l'Académie de Médecine de New-Yorck; de la Société wettéravienne de Hanau; de la Société médico-chirurgicale de Berlin; du Cercle médical de Paris; de la Société des Méthodes d'Enseignement, de celle d'Horticulture, etc.

Hommage de véritable estime et de profonde reconnaissance.

J. SALEMI.

PRÉCIS HISTORIQUE

D'UN CAS REMARQUABLE DE DEUX PRODUCTIONS MORBIDES,
EXPULSÉES DE L'UTÉRUS.

Madame Louise F., de Milan, âgée de trente-cinq ans, d'un tempérament sanguin et d'une vive imagination, d'une constitution peu prononcée, d'une taille élevée, avait été mariée à l'âge de vingt ans, et était parvenue à trente-trois, sans avoir éprouvé de maladie, si ce n'est quelques légères indispositions, et de temps en temps des accès de céphalalgie, dont elle était délivrée par l'effet de quelques saignées.

En 1815, à la fin de la première année de son mariage, elle accoucha très-heureusement d'un garçon. Trois ans après, en 1818, elle vint s'établir à Paris, où elle mit au monde une fille, et ce second accouchement, quoique plus lent que le premier, ne fut pas moins heureux. Depuis cette époque jusqu'au commencement de 1828, elle ne fit point de nouvelles couches; mais vers le milieu de février de cette année, elle se trouva pour la troisième fois enceinte. Cette grossesse fut accompagnée plus que les précédentes d'angoisses et de douleurs, de lipothymies, de nausées, d'un sentiment de tristesse et d'accablement, et, suivant son rapport, *du pressentiment d'une grave maladie, ou de quelque funeste accident*, ce qui par une triste fatalité arriva; car dans les premiers jours de juillet, vers le cinquième mois de sa grossesse, son fils se précipita du haut de l'escalier, et la frayeur que la mère en ressentit, lui causa un avortement très-grave, (comme il devait l'être à une époque aussi avancée de la gestation), suivi d'une foudroyante métrorrhagie, immédiatement après l'expulsion du placenta, et d'une métrite très-aiguë, qui mit sa vie en danger; cependant après différentes tentatives, on parvint à calmer le premier accident en lui faisant plonger les mains dans l'eau chaude.

Ce moyen révulsif, proposé et préféré par Hoffmann et par Lordat, dans son Traité des hémorrhagies, est celui dont je ne cesserai de recommander l'usage dans les métrorrhagies, excepté les cas où les poumons extrêmement faibles seraient disposés à devenir le siége d'une congestion sanguine; mais son emploi dans tous les cas me paraît devoir être d'une grande efficacité, comme M. Desormeaux a eu plusieurs occasions de le constater dans sa vaste pratique; en effet de tous les moyens mis en usage dans le cas présent, comme l'application de la glace, des solutions salines sur la région lombaire, sur l'hypogastre, sur la vulve, celui-ci seul a réussi, et je dois remarquer, que non-seulement les autres ont été infructueux, mais que selon moi ce sont eux qui ont amené la métrite; c'est la raison pour laquelle j'ai plus particulièrement insisté sur la préférence de ce moyen hémostatique. Je reprends la suite de mon exposé.

La métrite fut ensuite combattue par un régime antiphlogistique sévère et par de copieuses saignées du bras; mais on se garda bien de poser des sangsues sur la région hypogastrique, comme quelques praticiens l'ont conseillé, dans la crainte de rappeler une congestion sanguine vers cette partie, et de provoquer une hémorrhagie consécutive. Après que ces funestes suites de l'avortement eurent été ainsi arrêtées, l'état de la malade commença à s'améliorer, elle reprit son teint naturel, elle se releva de l'extrême faiblesse ou l'avaient réduite la métrorrhagie et les remèdes administrés pour combattre la métrite; en peu de temps elle se trouva parfaitement rétablie, et fut en état vers la mi-août d'aller à la campagne.

Au commencement de novembre elle revint en ville, mais ses régles qui étaient revenues, étaient alors supprimées; elle se plaignait de pesanteur à la région hypogastrique, d'une excessive irritation aux organes génitaux, de maux de cœur, et de fréquens accès de syncope. Ces accidens lui firent croire, ainsi qu'au médecin qu'elle avait appelé, qu'il s'agissait pour elle d'une nouvelle grossesse; en conséquence tous les médicamens lui furent interdits, comme pouvant lui devenir nuisibles, et on lui recommanda de s'armer de courage pour supporter le travail d'une quatrième grossesse.

Cependant les symptômes décrits augmentaient; la malade contre son habitude était devenue irascible, elle avait le visage d'un rouge foncé, la peau brûlante, le pouls dur et fort; on jugea à propos de la saigner et de lui ôter trois palettes de sang; cette saignée lui procura un calme de cinq à six jours; mais le 7 janvier 1829, étant assise dans son fauteuil, les mêmes symptômes se manifestèrent avec plus d'énergie, il s'y joignit même quelques frissons, et la peau prit une couleur pâle; elle se leva aussitôt pour aller se mettre au lit; mais, à peine debout, elle se sentit les cuisses mouillées en même temps qu'une espèce de corps semblait sortir de la vulve; elle lève sa robe couverte de sang, et voit avec frayeur entre ses cuisses un corps molasse, blanchâtre, de la grosseur d'un petit œuf de poule, et de la forme d'une poire qui tombe sur le plancher: alors elle croit avoir avorté, et craignant une hémorrhagie comme dans l'avortement précédent, elle fait aussitôt appeler des accoucheurs, et je suis de ce nombre.

Ayant examiné l'utérus par le toucher, il fut trouvé un peu plus bas que sa position naturelle, la bouche un peu ouverte, mais le museau de tanche et le corps plus développé que dans l'état naturel. La métror-rhagie fut dans le moment fort abondante, mais elle disparut peu après complètement; le sang qui en était sorti était noirâtre et corrompu. La malade commença dès-lors à se trouver soulagée, quoique fatiguée par les souffrances qu'elle venait d'éprouver, et surtout par la crainte d'une nouvelle hémorrhagie.

A la suite de cet examen le médecin n'hésita pas à partager le sentiment de la malade et à penser qu'elle venait de subir un avortement. Sans me montrer moi-même contraire à cette opinion, comme j'avais pourtant jeté un regard rapide sur le corps expulsé, qui ne m'avait pas paru être le produit d'une conception, je ne voulus point me prononcer sans avoir préalablement observé ce corps avec attention, et je priai ce médecin de vouloir bien l'examiner avec moi pour en porter un jugement plus éclairé : nous lui trouvâmes d'abord, comme je l'ai dit, la couleur d'un

blanc grisâtre, la consistance d'une couenne, la forme
d'une poire, comme celle de l'utérus, et la grosseur
d'un petit œuf de poule. L'ayant disséqué nous y
trouvâmes une cavité remplie d'une matière sangui-
nolente un peu épaissie, mais nous n'y reconnûmes
pas la moindre trace d'embryon, ni la moindre apparence de placenta ou de membranes mêmes altérées ;
nous y vîmes seulement quelques très-petits lambeaux
de membranes, qui paraissaient faire partie de la
masse du sac, lequel était dense, compacte et épais
d'un millimètre.

Ce second examen me confirma dans mon opinion,
que je cherchai à faire partager à celui qui s'y était
montré contraire ; mais lui, persistant dans la sienne,
soutint qu'il s'agissait ici d'un avortement, et il ajouta
qu'il ne fallait pas s'étonner de n'avoir remarqué aucune trace d'embryon dans ce qu'il appelait le placenta ; puisque ce n'était pas le *premier cas où l'em-*
bryon se trouverait mort, putréfié, et réduit en par-
ticules inappréciables à la vue, et à l'appui de ce sub-
til raisonnement, il me rappelait la mauvaise qualité
du sang que la malade avait évacué. Pour moi, sans
être convaincu, ne voulant pas contester davantage,
je me contentai de penser, mais avec hésitation, que
le corps en question était quelque production hydati-
que, laquelle dans sa formation avait oblitéré le col
de l'utérus, produit la suppression des règles, et qui,

après être sortie avec le sang menstruel amassé dans la cavité de l'utérus, avait causé le soulagement de la malade ; ce qui n'avait donné lieu à aucune hémorrhagie consécutive.

Malgré cette explication plausible obstinément combattue par l'autre médecin, je restai dans le doute sur la nature du prétendu placenta, d'autant plus que je n'avais pu le soumettre à l'observation d'autres médecins , qui mieux que moi auraient pu en juger, sa structure ayant été extrêmement altérée par la minutieuse dissection que nous en avions faite.

Cependant après l'expulsion de ce produit, la malade éprouva un mieux sensible, les symptômes morbides disparurent, elle reprit sa gaîté accoutumée, et ses règles recommencèrent à paraître périodiquement. Mais, trois mois après, quelle fut sa surprise de voir que ses règles diminuaient, qu'elle éprouvait encore une fois un sentiment de pesanteur dans le bassin , qu'au quatrième mois les règles étaient supprimées, sauf quelque petite cuilleré de sang brunâtre qui s'écoulait de temps en temps, que des tiraillemens douloureux aux aines , aux lombes, et à la région de l'utérus se joignaient à ces accidens, et cependant elle ne pouvait avoir comme la première fois, aucun soupçon de grossesse , puisqu'elle était séparée de son mari depuis cinq mois ; son esprit alors se trouble , elle commence à présager quelque grave maladie, elle se rappelle l'opinion que j'avais précédemment émise, et me fait appeler.

Sur le récit qu'elle me fit de son nouvel état, me représentant ce qui s'était déjà passé, je crus devoir vérifier le pronostic qui n'avait pas été admis par le médecin déjà mentionné, et pour connaître l'état des choses, je passai immédiatement au toucher : alors je sentis l'utérus abaissé dans la cavite pelvienne, et, chose remarquable, en touchant la bouche avec l'extrémité du doigs, je la trouvai dilatée et j'y sentis un corps ovoide, molasse, qui l'obliterait entièrement ; je pensai sur-le-champ que la maladie actuelle était de la même nature que la précédente, et comme il ne pouvait y avoir aucune appréhension de grossesse, la première indication qui s'offrait, était de faire l'extraction du corps qu'on rencontrait à la bouche de l'utérus. D'abord je cherchai avec l'extrémité du doigt à rompre les adhérences qui le fixaient aux bords internes du museau de tanche, mais je n'avais pas encore détaché le tiers de la circonférence qu'elles formaient, qu'il sortit de l'utérus une grande quantité de sang noirâtre ; la malade se trouva dès-lors soulagée des incommodités et des spasmes qu'elle éprouvait ; je la fis descendre de son lit, et je la laissai debout dans l'espoir que l'écoulement du sang et la position verticale favoriseraient l'expul-

sion du corps; en effet de cette manière ayant dé-
pasé un peu la bouche de l'utérus, je voulus le saisir
avec deux doigts pour l'attirer en-dehors, et comme
j'y trouvai de la difficulté, je pris une pince à pan-
sement (seul instrument dont je pouvais me servir
dans ce moment), avec laquelle je parvins à rompre
les adhérences qui tenaient encore, et à tirer le
corps plus en avant; l'ayant pris ensuite plus facile-
ment entre mes deux doigts et lui ayant imprimé de
légères tractions latérales, je le retirai entièrement;
il s'écoula deux ou trois cuillerées d'un sang brunâtre
et presque coagulé; la malade fut tranquille et n'é-
prouva plus aucune incomodité.

Examen de ce Corps.

L'examen de ce second corps me l'a fait trouver
entièrement semblable au premier; en effet, l'ayant
soumis à la plus exacte observation, de concert avec
mon estimable ami le docteur Vander Linden, j'ai
trouvé qu'il était un peu plus gros que le précédent,
ayant la grosseur d'un fort œuf de poule, une forme
parfaitement moulée sur celle d'un utérus, ayant
le corps applati et le col ou le pédicule presque cylin-
drique; sa consistance était couenneuse, sa couleur
d'un blanc grisâtre, sa face externe, un peu sillonnée,
était comme couverte de filamens et en quelques endroits de petits lambeaux comme déchirés. Après

l'avoir ouvert, nous y trouvâmes, comme dans le précédent, une cavité remplie d'un fluide plus sanguinolent et plus épais que le premier; la substance du sac avait plus d'un millimètre d'épaisseur, elle était formée d'un tissu compacte et blanchâtre, et en deux endroits paraissaient à peine deux très-petits rameaux, semblables à des filamens tendineux; il n'offrait aucune apparence aréolaire, ni aucune trace de ramifications vasculaires. Tel fut le résultat de notre examen, d'où (grâce à ce nouvel accident) il me fut permis de conclure que, puisque ce second corps n'était pas un produit de conception, le premier qui lui était parfaitement semblable ne l'était pas non plus, et que l'opinion d'un avortement admise par le médecin dont j'ai parlé, était entièrement erronée.

Il s'agit maintenant de reconnaître la nature de ces deux corps et de déterminer la classe dans laquelle nous devons les ranger. Etaient-ils des productions hydatiques comme je l'avais soupçonné en premier lieu, étaient-ils des polypes, des concrétions sanguines, ou lymphatiques de la membrane muqueuse de l'utérus? *

---

* Je crois qu'il me sera permis d'appeler muqueuse la membrane interne de l'utérus, puisque s'il y a eu des anatomistes, qui pendant long-temps ont douté qu'il existe dans l'utérus une membrane différente de son propre tissu, elle est aujourd'hui généralement admise ; je partage le sentiment commun, et il serait superflu d'en administrer les preuves ; j'ai cru seulement devoir ajouter cette note, parce qu'il existe encore quelques partisans de Chaussier.

Voilà quatre productions morbides dont la membrane muqueuse de l'utérus peut être le siége, quand cet organe se trouve en état de vacuité *, toutes se ressemblant sous plusieurs rapports **, et à l'une desquelles notre observation doit appartenir. Nous allons les passer rapidement en revue en indiquant leurs caractères principaux et pathognomoniques, ainsi que leur différente structure, pour juger à laquelle appartient celle dont nous nous occupons ***.

Je ne parlerai point de leur symptomatologie ; il vaut mieux comparer leurs caractères anatomiques pour en déterminer la différence, que comparer leurs symptômes, ce qui pourrait nous induire en erreur.

Productions hydatiques ****.

Les productions hydatiques ont été distinguées par

---

* Je dis dans l'état de vacuité, parce que dans l'état de gestation il peut se former dans l'utérus d'autres productions morbides leur ressemblant, soit sur le placenta, soit sur l'embryon, comme l'a démontré M. Gruveilhier dans son nouvel ouvrage intitulé : *Anatomie pathologique du corps humain, ou Descriptions avec figures lithographiées des diverses altérations morbides, dont le corps humain est susceptible*; 1re livraison 1828.

** C'est pour cette raison que je ne fais mention que de ces quatre productions, car je n'ignore pas qu'il peut s'en former d'autres, mais d'un caractère bien différent de celles-ci.

*** Cette méthode de comparaison pourrait, il est vrai, paraître longue et éloignée de mon sujet, mais il est certain qu'elle est la plus directe pour connaître les différences.

**** Pour la description de ces productions, j'ai emprunté beaucoup des travaux de M. Hippolyte Cloquet.

les médecins comme par les naturalistes, en plusieurs
genres, les cysticerques, les polycèphales, les ditra-
chycères, les échinococcus et les acéphalocystes. Je
n'examinerai pas les quatre premiers genres, puisque
le premier a été seulement observé dans le plexus
choroïde, une fois dans les ventricules du cerveau,
par MM. Fischer et Leipsick, et quelques autres fois
dans les interstices musculaires par Laënnec, mais
jamais dans l'utérus, et d'ailleurs son volume est
trop petit. Je passe sous silence le second genre qui
n'a jamais été observé dans l'homme, quoique Laënnec ait pensé qu'il pourrait bien s'y trouver. Je ne
m'occupe pas non plus du troisième, qui n'a été observé que deux fois par MM. Sultzer de Strasbourg, et
Le Sauvage de Caen, sur une petite fille, et qui ayant
été expulsé par les selles, a fait penser à M. Sultzer
qu'il avait son siége dans le canal intestinal. Je ne parle
pas également du quatrième, les entozoaires qui le
forment n'ayant été observés exactement qu'une seule
fois par Zeder dans les ventricules du cerveau d'une
jeune fille, laquelle passait à lire une partie de la nuit;
d'ailleurs quoique le volume de la vessie qui les con-
tient soit celui d'un œuf de poule, sa couleur est pourtant jaune, comme Rudolphi l'a observé. Nous nous
arrêterons donc au cinquième genre ou aux acéphalocystes, qui se trouvent souvent dans l'utérus.

Ces productions ont reçu différens noms selon la

forme qu'elles affectent, ainsi les helminthologistes modernes les ont appelées acéphalocystes *ovoidea*, *granulosa*, *racemosa*, etc. Elles sont très-communes dans l'homme et s'observent dans tous les points de l'économie animale; on les a rencontrées dans les reins et dans le foie; M. Hippolyte Cloquet les a trouvées le premier dans quelques capsules muqueuses, et dans quelques insertions des muscles; M. Rostan, dans la cavité de l'arachnoïde; M. Frétau, dans la plèvre; M. Béclard, dans la vessie; M. Percy, dans l'utérus, et il a constaté de plus que leur expulsion avait lieu par un mécanisme semblable à celui de l'accouchement; moi-même je les ai rencontrées dans les ligamens larges, dans les ovaires et dans la cavité même de l'utérus. Elles ont la forme tantôt ronde, tantôt ovale; leur volume est trés-variable, on en trouve même de la grosseur de la tête d'un fœtus; elles sont ordinairement incolores, mais quelquefois grisâtres ou verdâtres, renfermées dans une vessie très-mince, ayant toujours leur cavité remplie d'un liquide limpide : voilà deux caractères distinctifs, qui empêchent de les confondre avec celles qui ont été expulsées de l'utérus de notre malade. Nous allon maintenant examiner si elles appartiennent aux polypes.

Des Productions polypeuses.

Il n'est pas douteux qu'il n'y a pas d'organe dans les femmes plus exposé aux productions polypeuses que l'utérus; mais ces sortes de polypes, quoique semblables à un certain point à ceux du nez, ne peuvent être classés de la même manière. Cependant dans l'état actuel de l'anatomie pathologique on peut distinguer deux espèces principales de polypes, les uns naissant du parenchyme de l'utérus appelés corps fibreux, les autres naissant de la membrane interne peuvent être appelés polypes muqueux ; ceux qui sont dits sarcomateux ne sont autre chose que la dégénération de la seconde espèce. Je ne saurais expliquer comment MM. Breschet et Desormeaux, en parlant des polypes utérins dans le Dictionnaire de médecine en 21 volumes, ne font mention que d'une seule de leurs espèces, des fibreux; peut-être regardent-ils l'autre espèce ou comme extrêmement rare, ou comme n'existant pas : le respect que je professe pour ces estimables auteurs ne peut, au reste, m'empêcher de croire qu'ils ont laissé une lacune dans leur article, puisqu'ils auraient dû ou faire mention de l'autre espèce, ou exposer les raisons qui les avaient portés à passer sous silence ce qui la concerne.

Je me dispense d'examiner la première espèce de polypes, c'est-à-dire, les fibreux , parce qu'après les intéressans travaux des Bichat , des Roux , des Dupuytren , des Cruveilhier , des Bayle , on a démontré qu'ils se développent toujours tantôt entre la membrane interne de l'utérus et son parenchyme , tantôt dans son parenchyme même , tantôt enfin entre la membrane externe et le péritoine ; or cette raison , réunie au simple aspect de leur structure , met une différence frappante entre eux et les productions morbides que nous voulons examiner.

Dans la seconde espèce de polypes , dits muqueux , il règne une confusion telle que , si je voulais les examiner d'après la manière dont ils se trouvent décrits dans les ouvrages d'anatomie pathologique et de chirurgie , il me serait presque impossible de préciser leurs caractères; tel les appèle polypes *fongueux* comme M. Richerand , tel autre *vivaces* comme Levret , tel autre *végétations de la membrane muqueuse* comme M. Andral , et parmi ces auteurs l'un les décrit par certains caractères , l'autre par certains autres , et cela , parce que ces productions diffèrent souvent dans leur structure. Au milieu de cette divergence d'opinions , je me vois forcé de m'écarter un instant de mon sujet , pour mettre quelque ordre dans cette matière.

J'ai étudié cette espèce de polypes qui naissent dans la membrane muqueuse de l'utérus , et après tout ce que j'ai lu à ce sujet , après les observations que j'ai recueillies de l'expérience d'autrui, et celles que j'ai faites moi-mêmes dans mes dissections, je crois pour en faciliter l'étude, devoir distinguer trois espèces de polypes muqueux : les polypes *lymphatiques*, les polypes *vésiculaires rouges ou sanguinolens* et les polypes *érectiles* Les premiers sont ceux qui présentent une structure presque analogue à celle de la membrane muqueuse, comme l'ont observé M. Andral [*] et Herbiniaux; [**] ils ont une consistance molle; ils sont infiltrés d'une espèce de lymphe, c'est pour cela qu'à défaut de nom je les ai appelés lymphatiques; leur volume est très-variable, ainsi j'en ai vu depuis la grosseur d'une amande, jusqu'à celle d'un fort œuf de poule; ils sont soutenus par un très-court pédicule, et sont souvent le siége d'hémorrhagies.

Les seconds sont ceux dont la forme ordinaire a quelque ressemblance à une grappe de raisin, étant formés d'un ensemble de vésicules, traversé de plusieurs rameaux vasculaires; ils sont de couleur rouge; leur grosseur est aussi variable que celles des premiers; ils contiennent dans leur intérieur un liquide

[*] Voy. *Précis d'anatomie pathologique.* Paris, 1829. vol. 2, 2e partie, pag. 691.

[**] Herbiniaux nous rapporte dans sa 12e et 14e observation, qu'il a observés deux fois avec les mêmes caractères, sur deux femmes qui avaient en même temps des polypes muqueux dans le nez.

séreux-sanguinolent et un peu visqueux. Cette espèce
a été observée par Melleraud, Levret et par M. Andral; * ils sont aussi le siége d'hémorrhagies encore
plus que les premiers.

Enfin les troisièmes sont ceux qui présentent un
aspect fongueux, une couleur rouge-foncé, une structure spongieuse, analogue à celle du tissu érectile,
dont ils ont la propriété, puisqu'ils ont comme lui la
faculté érective, particulièrement lorsqu'ils sont hors
de l'utérus. Melleraud nous en offre quelques exemples, Levret en rapporte d'autres,** M. Andral leur a
trouvé cette ressemblance au tissu érectile extrêmement marquée;*** moi-même cette année, disséquant à
l'Hôpital de la Pitié, j'ai trouvé dans un utérus un polype de ce genre, et le montrant à plusieurs des élèves qui étaient présents, un d'eux lui trouva une structure pareille à celle de la rate, ayant remarqué
que sa portion libre était très-engorgée de sang; ce
n'était pourtant autre chose qu'un polype érectile, lequel manifestait cette propriété même en le comprimant entre les doigts. Ces polypes font perdre plus
de sang que les précédens.

* Ouvrage et vol. cit.

** Voy. *les Mémoires de l'Académie de chirurgie*, où l'on trouve une très-belle observation à ce sujet, par Stalpart - Vander - Viel, rapportée par Levret.

*** Ouvrage et vol., cit. pag. 694.

Après cet examen il nous est facile de voir que les productions morbides, dont nous cherchons à déterminer la nature n'appartiennent à aucune des trois espèces de polypes muqueux, ci-devant établies ; car ils ne présentent pas de structure muqueuse, et ne sont pas infiltrés de lymphe comme la première espèce ; ils ne peuvent entrer dans la seconde, parce que leur forme n'est point vésiculaire et qu'on n'y distingue pas la moindre trace de rameaux vasculaires ; enfin ils ne sauraient appartenir à la troisième, puisqu'ils n'offrent pas la moindre analogie avec le tissu érectile. Il ne nous reste qu'à examiner si ce sont des concrétions sanguines ou lymphatiques. Or, quoique je leur voie une grande ressemblance avec les concrétions sanguines, je ne crois pas pouvoir les ranger parmi elles, en considérant que ces dernières, autrement dites *moles de nutrition,* ou *molæ incipientes* de F. Plater, sont de véritables caillots que l'on a comparés avec beaucoup de raison aux polypes qui se trouvent dans le cœur ou dans les gros vaisseaux, et si quelquefois ils offrent quelque apparence d'organisation quand ils sont enveloppés dans une espèce de membrane, lorsqu'on les dissèque, cette apparence d'organisation disparaît entièrement, et ils laissent voir dans leur centre leur véritable nature. Je n'ai pas besoin de m'étendre davantage sur ces concrétions.

Maintenant, si les corps qui sont le sujet de cette observation n'appartiennent ni aux productions hydatiques, ni aux polypeuses, ni aux concrétions sanguines, dirons-nous que ce sont des concrétions lymphatiques? je le pense, et je crois pouvoir le démontrer par la méthode comparative que nous avons adoptée.

La membrane muqueuse de l'utérus, comme toutes les membranes de sa nature, étant altérée dans sa nutrition, peut déterminer la formation des concrétions dites lymphatiques ou membraniformes, lesquelles, comme le dit fort justement Chaussier, sont de simples concrétions accidentelles, qui, comme dans le larynx et dans les autres organes creux, se forment dans la cavité de l'utérus par un mode particulier d'irritation, qui en augmentant la sensibilité de sa surface, altère la secrétion du fluide qui s'en exhale, et lui donne une consistance couenneuse ou plastique des Anciens, et c'est à cette même disposition secrétoire de la face interne de l'utérus qu'il faut, ajoute ce savant physiologiste, attribuer le formation après la conception de la membrane *caduca et reflexa* d'Hunter, ou *epichorion* selon sa dénomination.

M. Desormeaux a appelé lymphatiques ces concrétions; je crois plus juste et plus convenable de les appeler *concrétions couenneuses accidentelles*

avec Chaussier; la première dénomination n'offre
aucune idée précise, au lieu que la seconde est du
moins tirée de quelqu'un de leurs caractères principaux; nous ne nous servirons donc plus du terme
lymphatique pour les désigner.

Personne n'a mieux décrit que le célèbre Chaussier ces concrétions, et je crois qu'il est le seul qui ait
fixé sur elles l'attention; les autres en parlent d'une
manière vague et générale, et plusieurs n'ont fait que
répéter ses résultats. Je m'en tiens donc presque ex-
clusivement à l'exacte description qu'il en a donnée, [*]
pour servir de terme à ma comparaison. Il rapporte
dans ses intéressantes observations : [**] qu'une jeune
femme d'un tempéremment ardent, à la suite d'excès
érotiques se crut enceinte, parce que ses règles étaient
supprimées; mais que parvenue au troisième mois,
elle éprouva les symptômes qui annoncent ordinairement leur retour; cependant comme ces symptômes furent ensuite accompagnés de douleur, et surtout d'une pesanteur insolite, elle le fit appeler; ayant
examiné l'état des parties, il trouva l'utérus plus bas
que d'ordinaire, son orifice ouvert, dilaté, donnant

---

[*] Voir la lettre de cet auteur sur la structure de l'utérus, insérée dans le
Nouveau traité sur les hémorrhagies de l'utérus de Rigby et Duncan, traduit
de l'anglais par Mme Boivin ; qui, par ses annotations, a donné à cet ouvrage
un nouveau degré d'intérêt.

[**] *Voy.* ouvrage et vol. cit.

passage à une tumeur lisse, indolente, de la forme et de la grosseur d'une figue ordinaire, dont le sommet allongé et rétréci paraissait|adhérent et implanté dans l'intérieur du col de l'utérus ; l'ayant tiré légèrement il réussit à la détacher. Ce corps, dit-il, n'était autre chose qu'un sac couenneux, dont la cavité était remplie d'un sang brunâtre à demi-fluide ; sa forme était exactement celle de l'utérus, mais renversé, sa base large et arrondie, son pédicule ou la portion adhérante au col de l'utérus allongée, tubulée, et garnie à son extrémité de franges, enfin son tissu était dense, blanchâtre, uniforme dans toute son étendue, il ne présentait pas la moindre apparence de tissu fibreux, aréolaire, ni de vaisseaux sanguins. « Il me semble
» donc, ajoute cet auteur, que cette concrétion couen-
» neuse, après s'être d'abord formée, modelée dans la
» cavité de l'utérus, en avait été peu à peu décollée
» ou détachée, 1° par l'humeur perspiratoire qui se
» forme et s'exhale sans cesse à la face interne de
» l'utérus ; 2° par l'impulsion et l'accumulation suc-
» cessive du sang qui devait s'écouler à chaque épo-
» que menstruelle, et comme lors de notre visite, la
» tumeur ne tenait plus qu'au col et à l'orifice de
» l'utérus, les tractions légères que nous fîmes dans
» cet examen en ont achevé la séparation, opération
» que la nature seule aurait peut-être fait par la
» suite.

» Aussitôt après l'extraction ou décollement de ce

» sac membraneux, il s'écoula quelques cuillerées
» de sang brunâtre, les menstrues ont repris leur
» cours habituel, et la jeune femme n'a éprouvé au-
» cun accident. »

Voilà le véritable tableau de notre observation, il
y a parfaite identité de structure entre les corps expulsées de l'utérus de notre malade, et celui dont nous
entretient Chaussier, il y a la plus exacte ressemblance dans les symptômes; seulement dans le cas
qui nous concerne, il est une circonstance importante
à remarquer, c'est que la concrétion morbide se re-
produit à deux intervalles presque égaux; circonstance qui, si je ne me trompe, n'a été jusqu'à présent
observée par personne. Ce phénomène eut lieu, je
pense, parce que la membrane muqueuse de l'utérus ne se délivra jamais parfaitement de cet état particulier d'irritation où elle se trouvait; mais après avoir
soumis ensuite la malade à un régime doux, par des
bains, des boissons délayantes, et surtout une sobriété
parfaite, elle reprit son état de santé ordinaire, ses
règles revinrent périodiquement, et sa maladie ne
s'est plus reproduite jusqu'à ce jour.

L'observation intéressante et raisonnée de Chaussier, que je viens de citer, expliquant suffisamment
tous les phénomènes renfermés dans le cas qui fait le
sujet de ce mémoire, je me crois dispensé d'y ajou-

ter de nouvelles réflexions : je dirai seulement que les productions mentionnées ne sont pas aussi rares qu'on le croirait ; ayant été nombre de fois observées, elles ont été méconnues : les anciens par exemple les ont prises pour des moles, quelques-uns parmi les modernes en parlent si superficiellement, qu'on peut douter s'ils les connaissent, d'autres les ont prises pour des polypes, d'autres pour la membrane interne de l'utérus renversée, comme Asdrubali, de Rome, et Collomb, de Lyon ; d'autres enfin, comme il est arrivé dans notre cas, pour un avortement, et qui sait, dit Chaussier, si ce ne sont pas ces concrétions, qui, implantées dans le col de l'utérus, ont fait croire à quelques accoucheurs, que cet organe n'avait pas d'ouverture, en sorte qu'ils se sont crus obligés en conséquence d'y faire une incision dans le moment de l'accouchement, pour donner issue à l'enfant ? qui sait si ce ne sont pas elles qui causent à quelques femmes de vives douleurs à chaque époque menstruelle ? qui sait si on ne doit pas leur rapporter la cause de stérilité de quelques femmes ?

Ces considérations sont bien propres à faire sentir les avantages qui résultent de la connaissance de phénomènes de cette nature, soit pour l'honneur du médecin, soit pour le bien de l'humanité. Ce sont elles qui m'ont engagé à présenter dans cette esquise imparfaite une observation que le hasard m'a donné lieu de faire, et à la rendre publique pour l'intérêt de la science. Si ce petit nombre de pages n'a pas été écrit en vain, et si je puis acquérir la certitude que mon travail a été de quelque utilité, je m'estimerai payé de la plus douce récompense.

FIN.